AF221703

Impressum
Verlag: BABADADA GmbH, Nedderfeld 112 , 22529 Hamburg
Geschäftsführer / Verlagsleitung: Harald Hof
Druck: Books on Demand GmbH, In de Tarpen 42, 22848 Norderstedt

Imprint
Publisher: BABADADA GmbH, Nedderfeld 112 , 22529 Hamburg, Germany
Managing Director / Publishing direction: Harald Hof
Print: Books on Demand GmbH, In de Tarpen 42, 22848 Norderstedt, Germany

škola

escuela

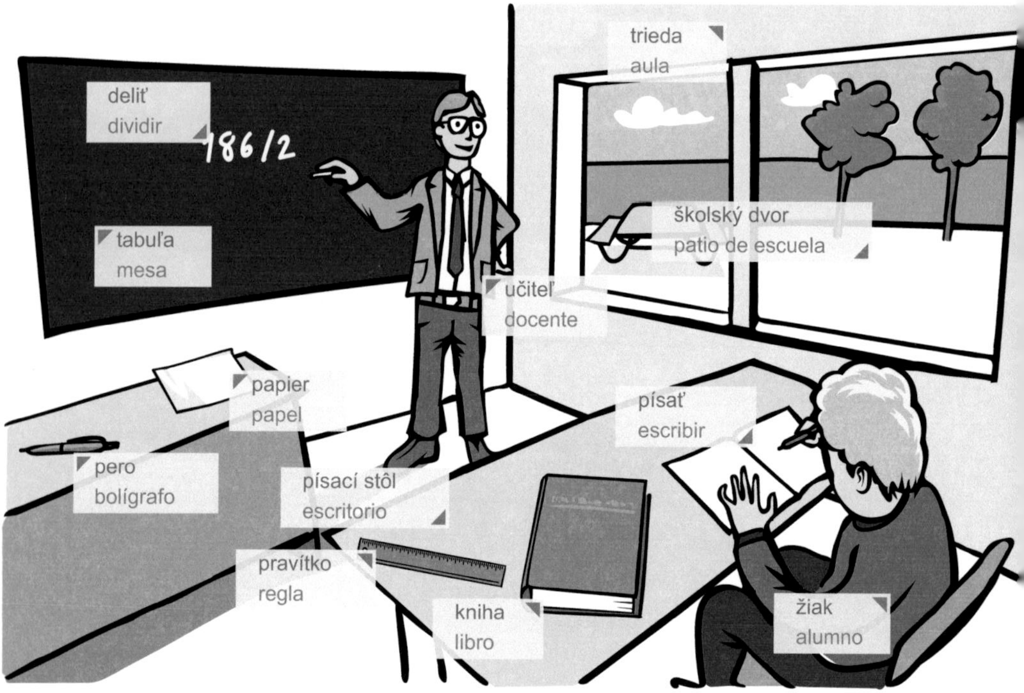
trieda
aula
deliť
dividir
186/2
tabuľa
mesa
školský dvor
patio de escuela
učiteľ
docente
papier
papel
písať
escribir
pero
bolígrafo
písací stôl
escritorio
pravítko
regla
kniha
libro
žiak
alumno

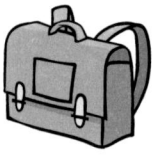

školská taška

mochila escolar

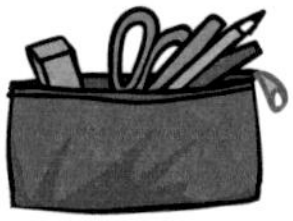

peračník

caja de lápices

ceruza

lápiz

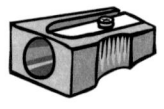

strúhadlo na ceruzky

sacapuntas

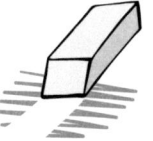

guma

goma de borrar

skicár

bloc de dibujo

kresba

dibujo

štetec

pincel

vodové farby

caja de pinturas

nožnice

tijera

lepidlo

pegamento

cvičný zošit

libro de ejercicios

domáca úloha

tarea

číslo

número

sčítať

sumar

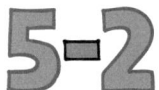

odčítať

restar

násobiť

multiplicar

počítať

calcular

písmeno

letra

abeceda

alfabeto

hello

slovo

palabra

text

texto

čítať

leer

krieda

tiza

hodina

lección

triedna kniha

libro de clase

skúška

examen

certifikát

certificado

školská uniforma

uniforme escolar

vzdelanie

educación

encyklopédia

enciclopedia

univerzita

universidad

mikroskop

microscopio

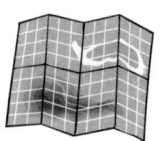

mapa

mapa

kôš na papier

cesto de papeles

cesta
viaje

hotel
hotel
Grand
nocľaháreň
albergue
ROOMS
zmenáreň
casa de cambio
kufor
maleta
auto
auto

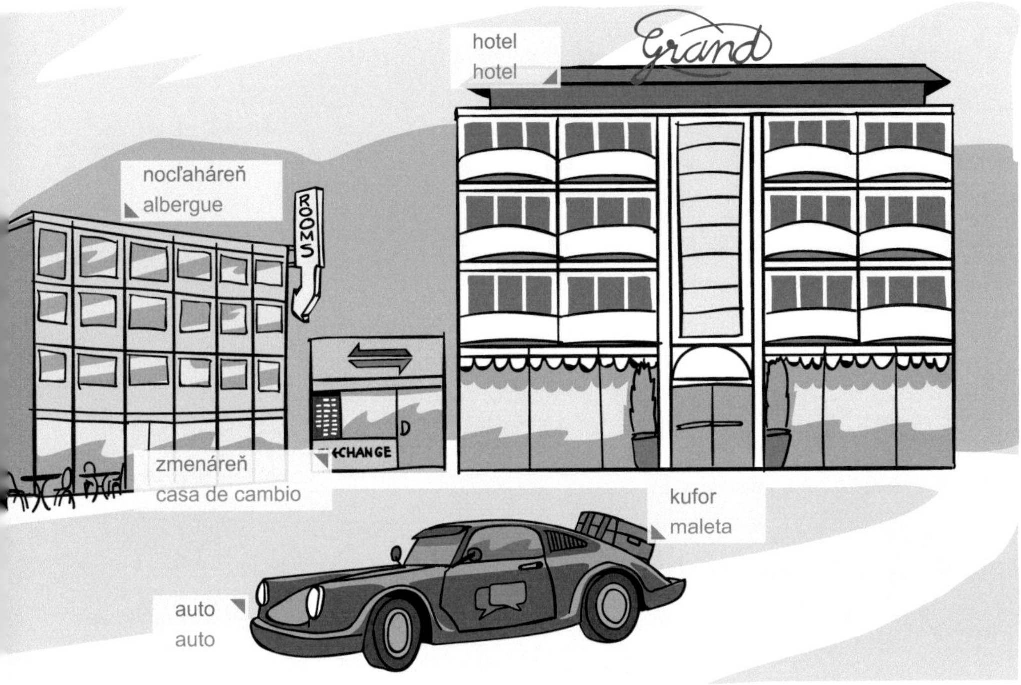

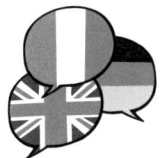

jazyk
idioma

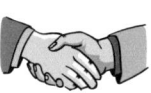

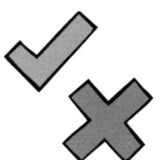

áno/nie
sí / no

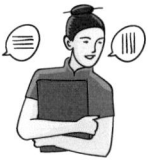

v poriadku
ok

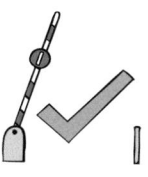

ahoj
hola

prekladateľ
intérprete

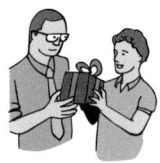

ďakujem
gracias

Koľko stojí ... ?

¿Cuánto cuesta…?

Nerozumiem

No entiendo

problém

problema

Dobrý večer!

¡Buenas tardes!

Dobré ráno!

¡Buenos días!

Dobrú noc!

¡Buenas noches!

Dovidenia

adiós

smer

dirección

batožina

equipaje

taška

bolso

batoh

mochila

hosť

invitado

izba

cuarto

spacák

saco de dormir

stan

tienda de campaña

informácie pre turistov

información al turista

pláž

playa

kreditná karta

tarjeta de crédito

raňajky

desayuno

obed

almuerzo

večera

cena

cestovný lístok

pasaje

výťah

ascensor

poštová známka

sello

hranica

límite

clo

aduana

veľvyslanectvo

embajada

vízum

visa

cestovný pas

pasaporte

doprava
transporte

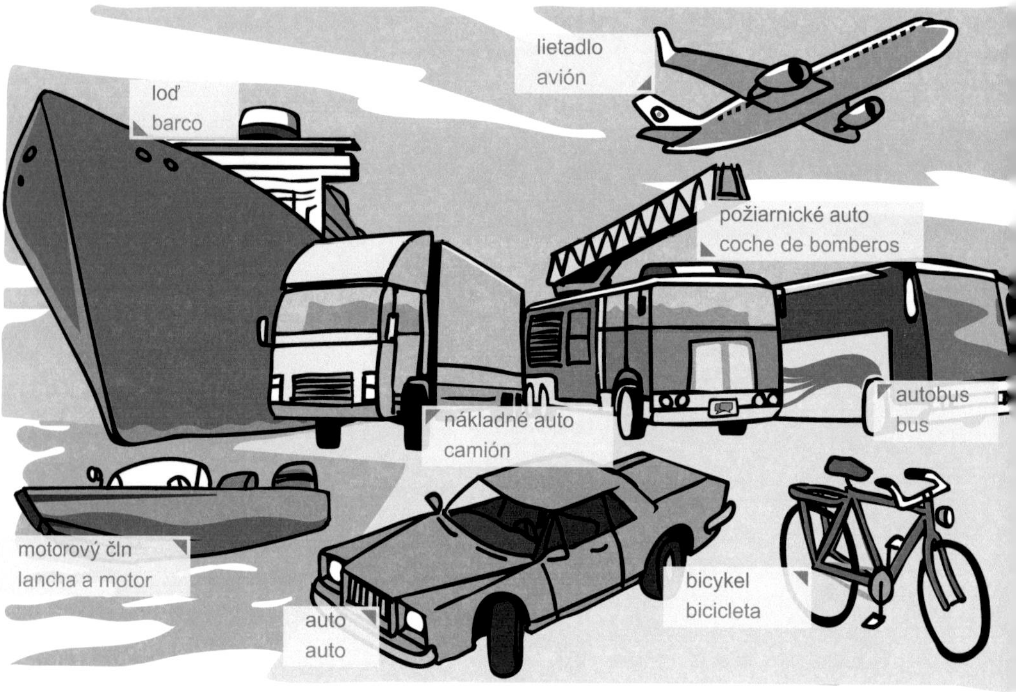

lietadlo
avión
loď
barco
požiarnické auto
coche de bomberos
autobus
bus
nákladné auto
camión
motorový čln
lancha a motor
bicykel
bicicleta
auto
auto

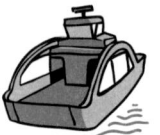

trajekt

balsa

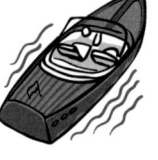

loď

lancha

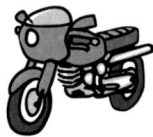

motorka

motocicleta

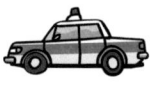

policajné auto

auto de policía

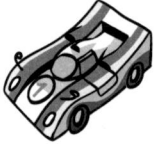

pretekárske auto

auto de carreras

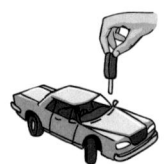

vozidlo z požičovne

auto de alquiler

carsharing

alquiler de autos

odťahové auto

grúa

smetiarske auto

vehículo recolector de basura

motor

motor

benzín

gasolina

čerpacia stanica

gasolinera

dopravná značka

señal de tráfico

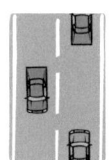

premávka

tránsito

zápcha

atasco

parkovisko

estacionamiento

vlaková stanica

estación de tren

trate

carril

vlak

tren

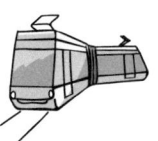

električka

tranvía

vagón

vagón

helikoptéra

helicóptero

letisko

aeropuerto

veža

torre

pasažier

pasajero

kontajner

contenedor

kartón

caja de cartón

vozík

carro

kôš

cesta

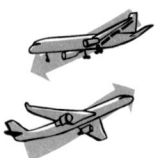

štartovať / pristáť

despegar / aterrizar

mesto
ciudad

dedina

aldea

centrum mesta

centro de la ciudad

dom

casa

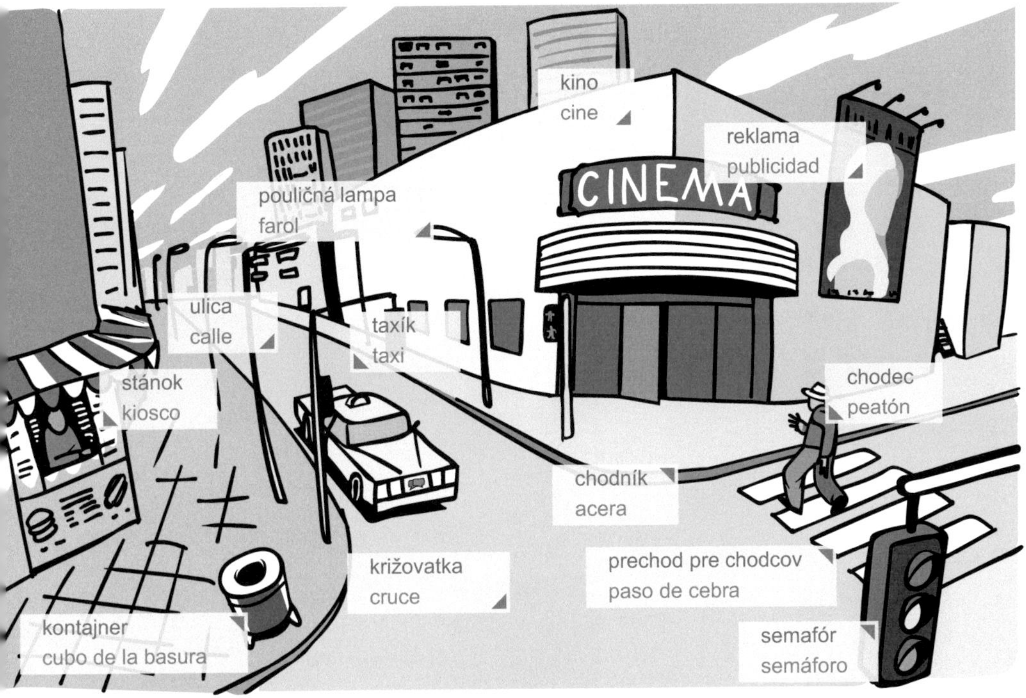

kino
cine
reklama
publicidad
CINEMA
pouličná lampa
farol
ulica
calle
taxík
taxi
stánok
kiosco
chodec
peatón
chodník
acera
križovatka
cruce
prechod pre chodcov
paso de cebra
kontajner
cubo de la basura
semafór
semáforo

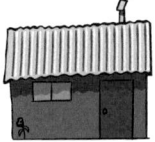

chata

cabaña

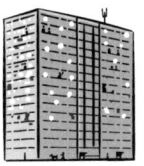

byt

apartamento

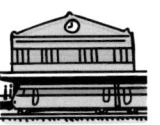

vlaková stanica

estación de tren

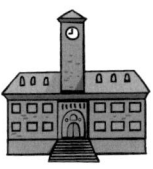

radnica

ayuntamiento

MUSEUM

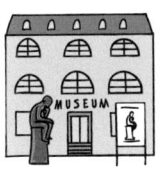

múzeum

museo

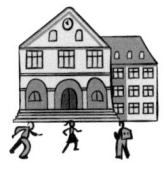

škola

escuela

univerzita

universidad

banka

banco

nemocnica

hospital

hotel

hotel

lekáreň

farmacia

kancelária

oficina

kníhkupectvo

librería

obchod

negocio

kvetinárstvo

florería

supermarket

supermercado

trh

mercado

obchodný dom

grandes almacenes

obchodník s rybami

pescadería

nákupné stredisko

centro comercial

prístav

puerto

park

parque

lavička

banco

most

puente

schody

escalera

metro

metro

tunel

túnel

autobusová zastávka

parada de autobuses

bar

bar

reštaurácia

restaurante

poštová schránka

buzón de correo

tabuľa s názvom ulice

letrero

parkovacie hodiny

parquímetro

ZOO

zoológico

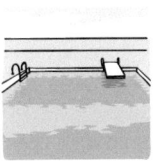

plaváreň

piscina

mešita

mezquita

farma
granja

znečisťovanie životného prostredia
polución

cintorín
cementerio

kostol
iglesia

ihrisko
parque infantil

chrám
templo

terén

paisaje

list
hoja

smerová tabuľa
indicador de camino

cesta
sendero

lúka
pradera

kameň
piedra

turista
caminante

strom
árbol

rieka
río

tráva
pasto

kvet
flor

dolina

valle

kopec

montaña

jazero

lago

les

bosque

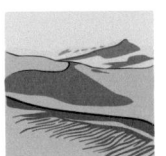

púšť

desierto

vulkán

volcán

zámok

castillo

dúha

arco iris

hríb

seta

palma

palmera

komár

mosquito

mucha

mosca

mravec

hormiga

včela

abeja

pavúk

araña

terén - paisaje

chrobák

escarabajo

žaba

rana

veverička

ardilla

jež

erizo

zajac

liebre

sova

lechuza

vták

pájaro

labuť

cisne

diviak

jabalí

jeleň

ciervo

los

alce

hrádza

embalse

veterná turbína

aerogenerador

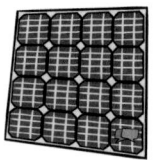

solárny panel

módulo solar

podnebie

clima

čašník
camarero

jedálny lístok
carta del menú

stolička
silla

polievka
sopa

pizza
pizza

obrus
mantel

príbor
cubiertos

predjedlo
entrada

hlavné jedlo
plato principal

zákusok
postre

nápoje
bebida

jedlo
comida

fľaša
botella

fast-food

comida rápida

street food

comida callejera

kanvica na čaj

tetera

cukornička

azucarera

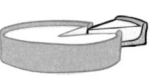

porcia

porción

stroj na espresso

máquina de espresso

detská stolička

silla alta

účet

factura

podnos

bandeja

nôž

cuchillo

vidlička

tenedor

lyžica

cuchara

čajová lyžička

cuchara de té

obrúsok

servilleta

pohár

vaso

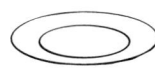

tanier

plato

hlboký tanier

plato de sopa

podšálka

platillo

omáčka

salsa

soľnička

salero

mlynček na korenie

molinillo para pimienta

ocot

vinagre

olej

aceite

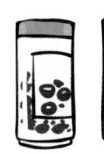

korenie

especias

kečup

ketchup

horčica

mostaza

majonéza

mayonesa

supermarket
supermercado

špeciálna ponuka
oferta
FOR
klient
cliente
mliečne výrobky
productos lácteos
ovocie
fruta
nákupný vozík
carrito de compras

BUTCHERS

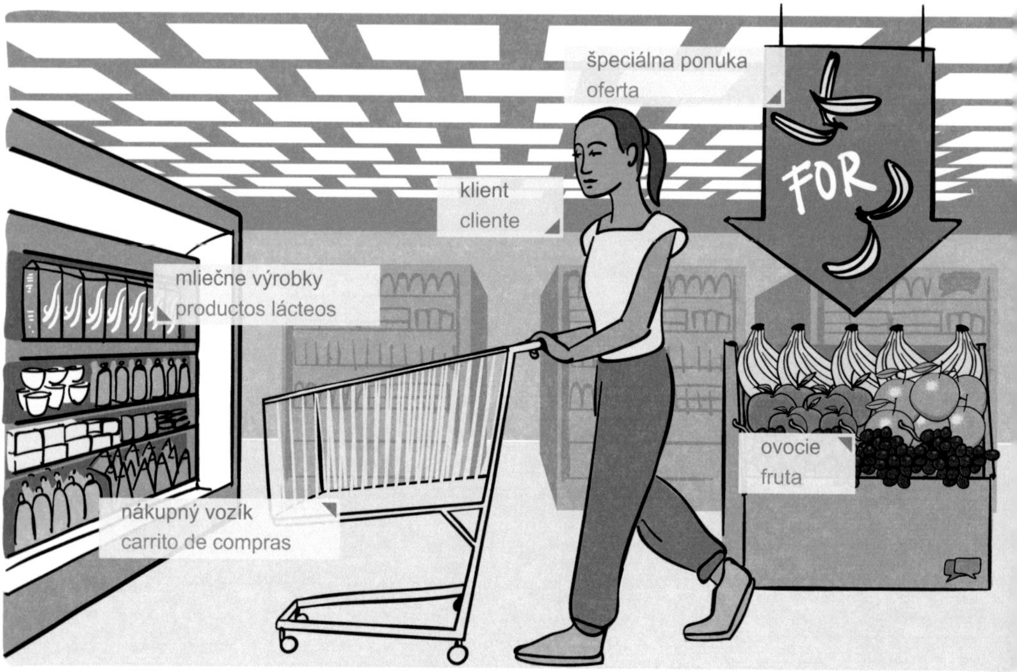

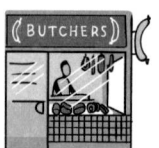

mäsiarstvo

carnicería

BAKERY

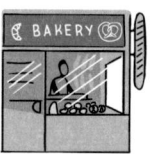

pekáreň

panadería

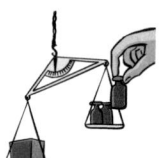

vážiť

pesar

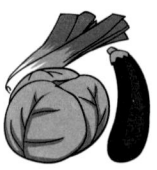

zelenina

verdura

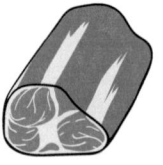

mäso

carne

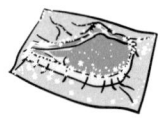

mrazené potraviny

alimentos congelados

nárez

fiambre

konzervy

conservas

prací prostriedok

detergente en polvo

sladkosti

dulces

domáce potreby

artículos domésticos

čistiace prostriedky

productos de limpieza

predavačka

vendedora

pokladňa

caja

pokladník

cajero

nákupný zoznam

lista de compras

otváracie hodiny

horario de atención

peňaženka

cartera

kreditná karta

tarjeta de crédito

taška

maleta

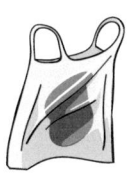

plastové vrecko

bolsa plástica

voda

agua

džús

jugo

mlieko

leche

kola

refresco de cola

víno

vino

pivo

cerveza

alkohol

alcohol

kakao

cacao

čaj

té

káva

café

espresso

espresso

kapučíno

cappuccino

banán

banana

jablko

manzana

pomaranč

naranja

melón

sandía

citrón

limón

mrkva

zanahoria

cesnak

ajo

bambus

bambú

cibuľa

cebolla

hríb

seta

orechy

nueces

rezance

fideos

špagety

espagueti

ryža

arroz

šalát

ensalada

hranolky

patatas fritas

pečené zemiaky

patatas salteadas

pizza

pizza

hamburger

hamburguesa

obložený chlebík

sándwich

rezeň

escalope

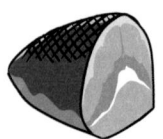

šunka

jamón

saláma

salame

klobása

embutido

kurča

pollo

pečené mäso

asado

ryba

pescado

ovsené vločky

copos de avena

müsli

musli

kukuričné lupienky

copos de maíz tostado

múka

harina

croissant

croissant

pečivo

panecillo

chlieb

pan

hrianka

tostada

sušienky

galletas

maslo

mantequilla

tvaroh

cuajada

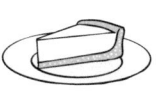

koláč

pastel

vajce

huevo

volské oko

huevo frito

syr

queso

zmrzlina

helado

cukor

azúcar

med

miel

lekvár

mermelada

nugátová nátierka

praliné

karí korenie

curry

farma

granja

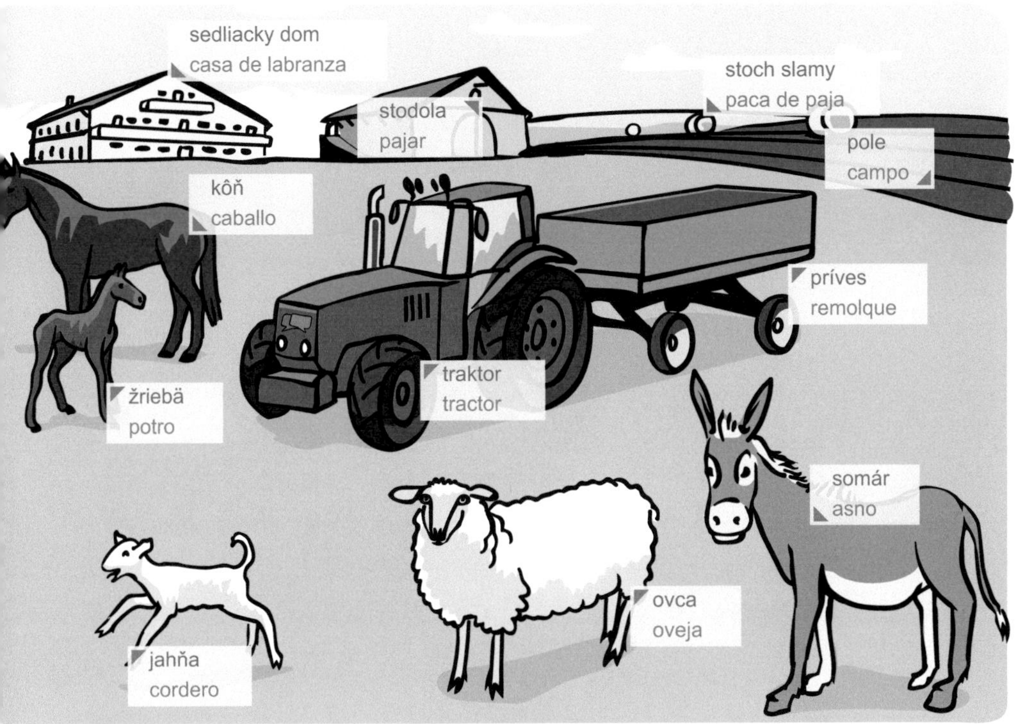

sedliacky dom
casa de labranza
stodola
pajar
stoch slamy
paca de paja
pole
campo
kôň
caballo
príves
remolque
traktor
tractor
žriebä
potro
somár
asno
ovca
oveja
jahňa
cordero

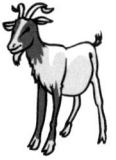

koza

cabra

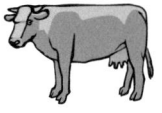

krava

vaca

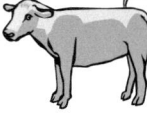

teľa

ternero

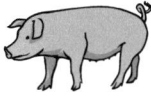

prasa

cerdo

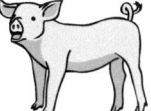

prasiatko

lechón

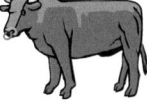

býk

toro

hus

ganso

kačica

pato

kuriatko

polluelo

sliepka

pollo

kohút

gallo

potkan

rata

mačka

gato

myš

ratón

vôl

buey

pes

perro

psia búda

caseta del perro

záhradná hadica

manguera de riego

krhla

regadera

kosa

guadaňa

pluh

arado

kosák

hoz

motyka

azada

vidly na hnoj

bieldo

sekera

hacha

fúrik

carretilla

koryto

abrevadero

kanva na mlieko

lechera

vrece

saco

plot

cerca

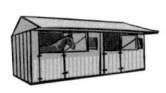

maštaľ

establo

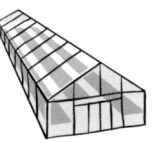

skleník

invernadero

pôda

suelo

osivo

semilla

hnojivo

fertilizante

kombajn

cosechadora

žať
cosechar

žatva
cosecha

batát
raíz de ñame

pšenica
trigo

sója
soja

zemiak
patata

kukurica
maíz

repka
colza

ovocný strom
Árbol frutal

maniok
mandioca

obilie
cereales

dom

casa

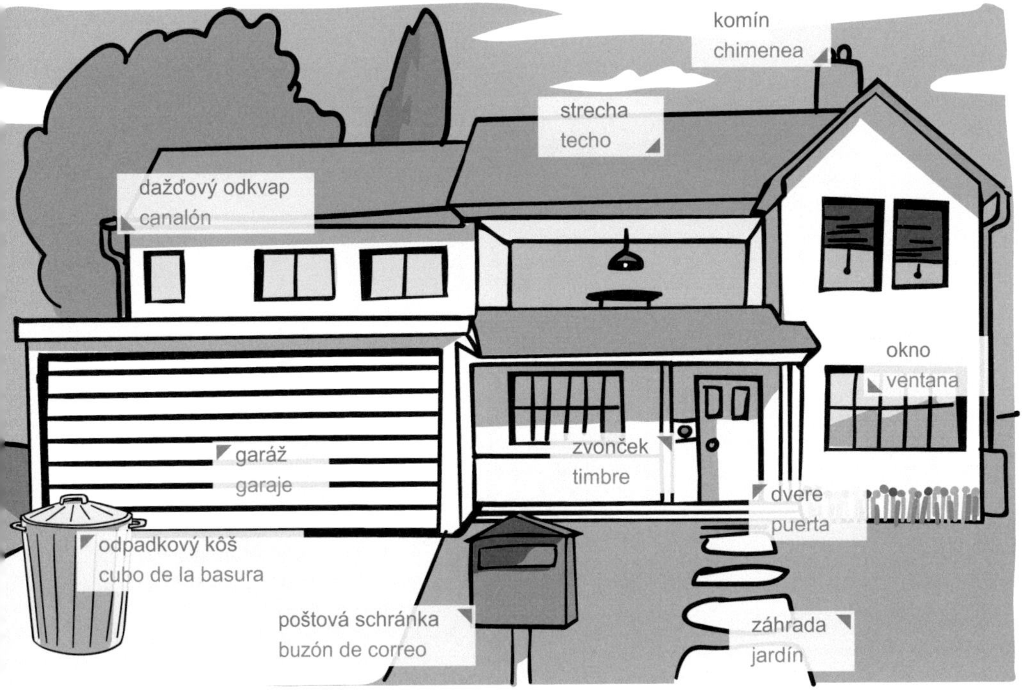

komín
chimenea
strecha
techo
dažďový odkvap
canalón
okno
ventana
garáž
garaje
zvonček
timbre
dvere
puerta
odpadkový kôš
cubo de la basura
poštová schránka
buzón de correo
záhrada
jardín

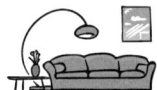

obývačka

cuarto de estar

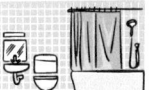

kúpeľňa

cuarto de baño

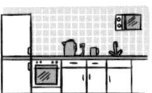

kuchyňa

cocina

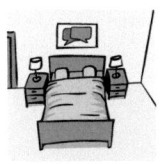

spálňa

dormitorio

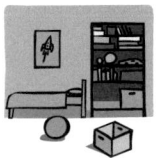

detská izba

cuarto de los niños

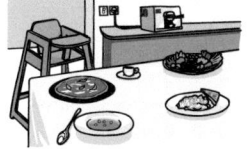

jedáleň

comedor

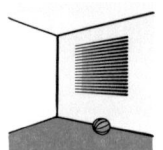

podlaha

piso

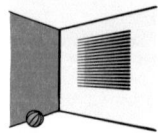

stena

pared

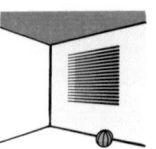

strop

cielorraso

pivnica

sótano

sauna

sauna

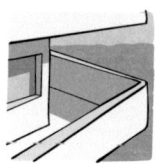

balkón

balcón

terasa

terraza

bazén

piscina

kosačka

cortacésped

obliečka

funda nórdica

posteľná prikrývka

edredón

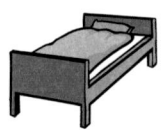

posteľ

cama

metla

escoba

vedro

cubo

vypínač

interruptor

obývačka
cuarto de estar

tapeta
papel para empapelar
obraz
imagen
lampa
lámpara
regál
estante
skriňa
gabinete
televízor
televisor
kozub
hogar
kvet
flor
vankúš
cojín
pohovka
sofá
váza
florero
diaľkové ovládanie
control remoto

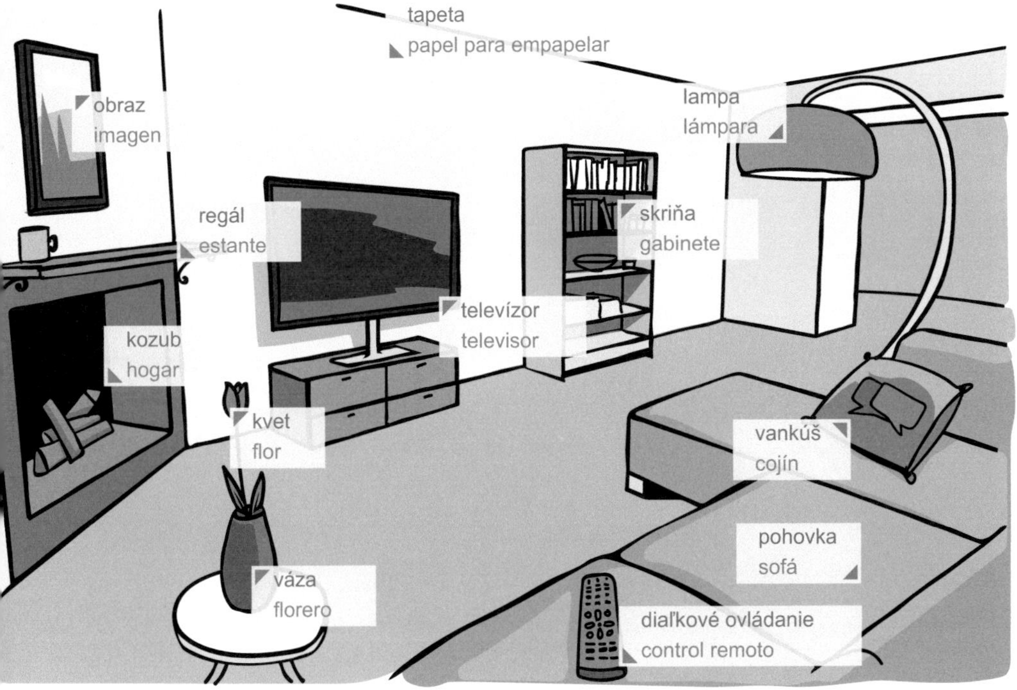

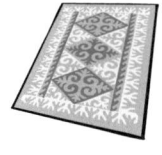

koberec

alfombra

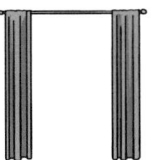

záclona

cortina

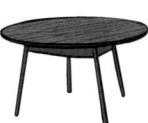

stôl

mesa

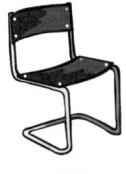

stolička

silla

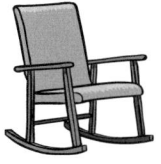

hojdacie kreslo

mecedora

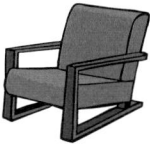

kreslo

sillón

kniha

libro

prikrývka

frazada

dekorácia

decoración

drevo na kúrenie

leňa

film

film

hi-fi veža

equipo estereofónico

kľúč

llave

noviny

periódico

maľba

cuadro

plagát

póster

rádio

radio

zápisník

bloc de notas

vysávač

aspiradora

kaktus

cactus

sviečka

vela

kuchyňa
cocina

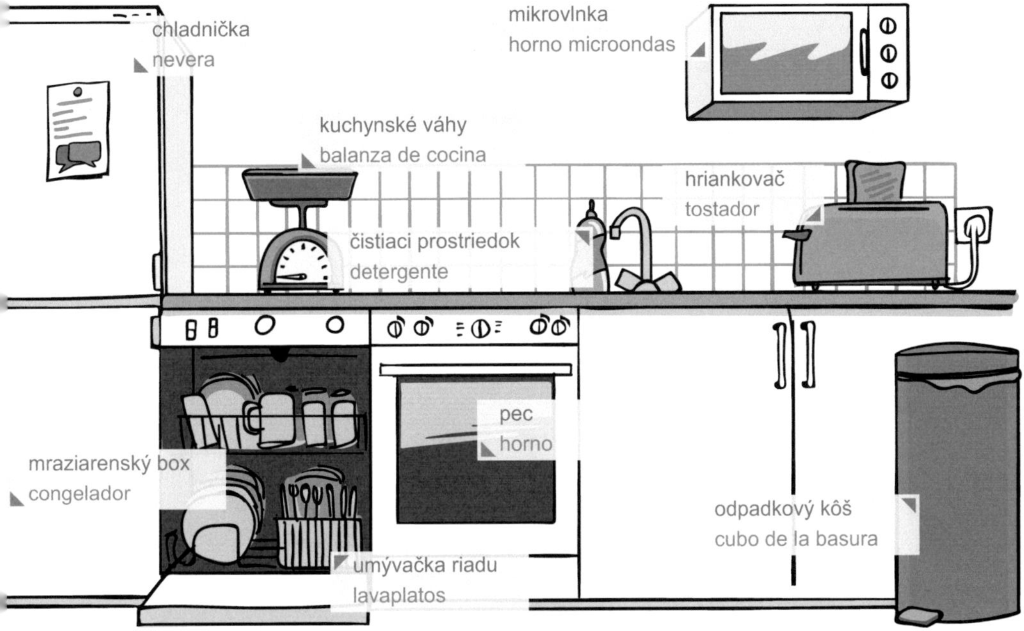

chladnička
nevera
mikrovlnka
horno microondas
kuchynské váhy
balanza de cocina
hriankovač
tostador
čistiaci prostriedok
detergente
pec
horno
mraziarenský box
congelador
odpadkový kôš
cubo de la basura
umývačka riadu
lavaplatos

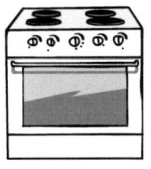

sporák

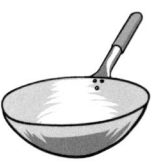

cocina

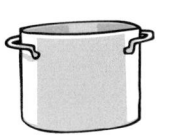

hrniec

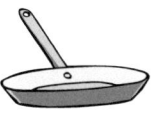

olla

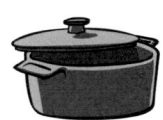

železný hrniec

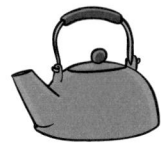

olla de fundición de hierro

wok / kadai

wok / kadai

panvica

sartén

rýchlovarná kanvica

hervidor de agua

parný hrniec

olla de vapor

plech na pečenie

bandeja de horno

riad

vajilla

pohár

vaso

misa

bol

paličky

palillos para comer

naberačka na polievku

cucharón de sopa

stierka

espátula

metlička

batidor

cedidlo

colador

sitko

cedazo

strúhadlo

rallador

mažiar

mortero

gril

parrillada

ohnisko

fogata

doska na krájanie

tabla de picar

valček na cesto

rodillo

vývrtka

sacacorchos

konzerva

lata

otvárač na konzervy

abrelatas

chňapka

agarrador

výlevka

fregadero

kefa

cepillo

hubka

esponja

mixér

batidora

mraznička

arcón congelador

kojenecká fľaša

biberón

vodovodný kohútik

grifo

kuchyňa - cocina

kúpeľňa
cuarto de baño

kúrenie
calefacción
uterák
toalla
sprcha
ducha
sprchový záves
cortina para ducha
pena do kúpeľa
baño de espuma
vaňa
bañera
pohár
vaso
práčka
lavadora
vodovodný kohútik
grifo
dlaždice
baldosa
nočník
orinal
výlevka
fregadero

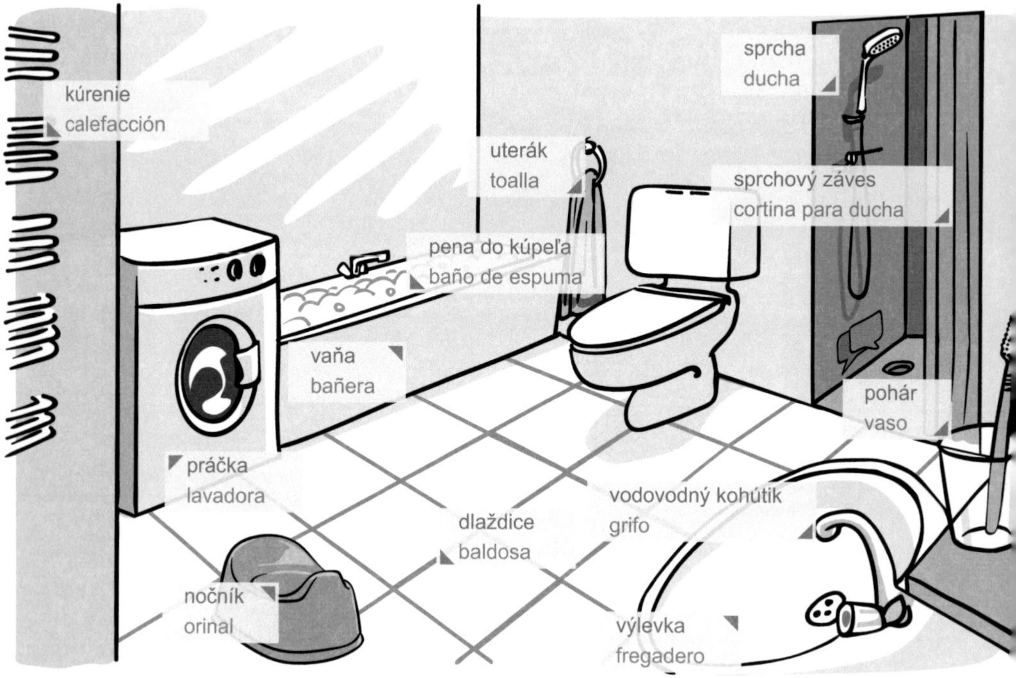

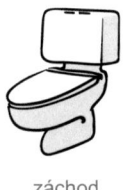

záchod

cuarto de baño

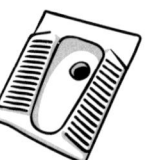

suchý záchod

placa turca

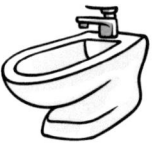

bidet

bidé

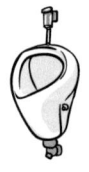

pisoár

urinario

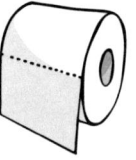

toaletný papier

papel higiénico

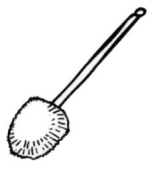

záchodová kefa

escobilla para el cuarto de baño

zubná kefka

cepillo de dientes

zubná pasta

pasta dentífrica

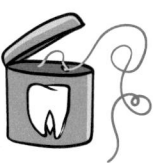

dentálna niť

seda dental

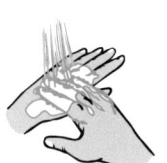

umývať

lavar

ručná sprcha

ducha teléfono

sprcha pre intímnu hygienu

ducha higiénica

umývadlo

cuenco

kefa na chrbát

cepillo para la espalda

mydlo

jabón

sprchový gél

gel de ducha

šampón

champú

frotírová rukavica

manopla para baño

odtok

desagüe

krém

crema

dezodorant

desodorante

kúpeľňa - cuarto de baño

zrkadlo

espejo

kozmetické zrkadlo

espejo de maquillaje

žiletka

máquina de afeitar

pena na holenie

espuma de afeitar

voda po holení

loción para después del
afeitado

hrebeň

peine

kefa

cepillo

sušič vlasov

secador para cabello

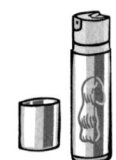

sprej na vlasy

laca de peinado

make-up

maquillaje

rúž

lápiz labial

lak na nechty

laca para uñas

vata

algodón

nožnice na nechty

tijera para uñas

parfum

perfume

kozmetická taška

neceser

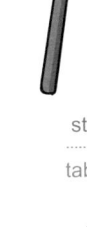

stolček

taburete

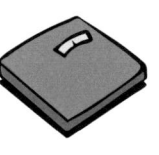

váha

balanza

kúpací plášť

bata de baño

gumové rukavice

guantes de goma

tampón

tampón

menštruačná vložka

compresa

chemické WC

wáter químico

detská izba

cuarto de los niños

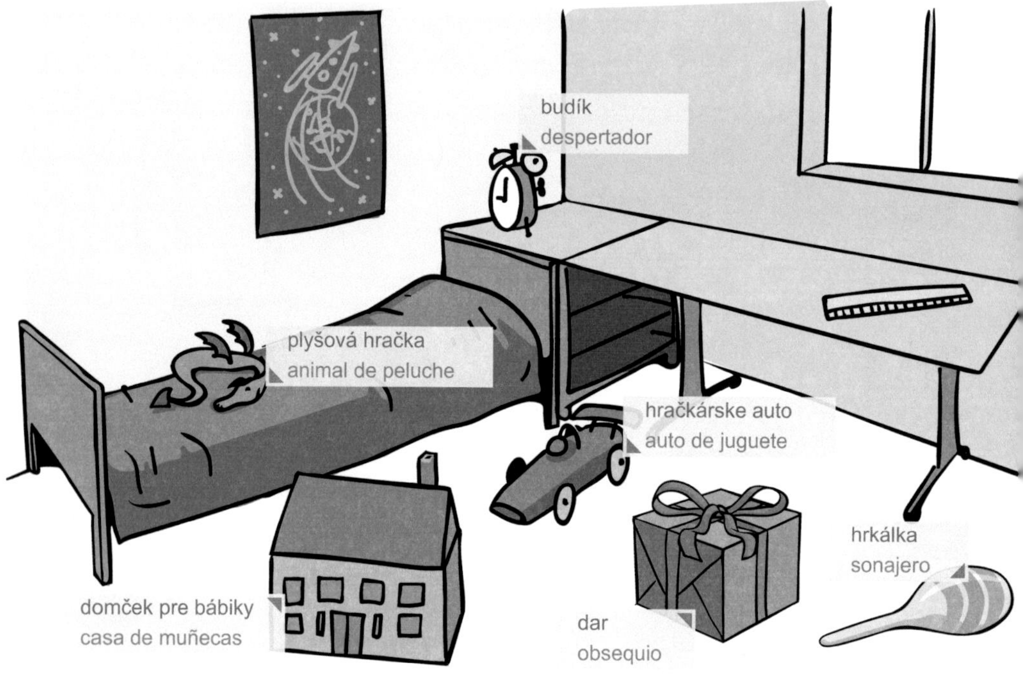
budík
despertador
plyšová hračka
animal de peluche
hračkárske auto
auto de juguete
hrkálka
sonajero
domček pre bábiky
casa de muñecas
dar
obsequio

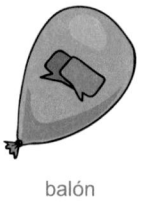

balón

globo

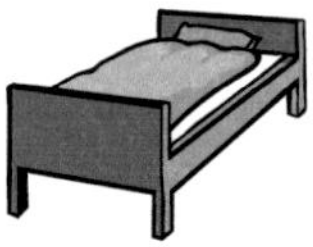

posteľ

cama

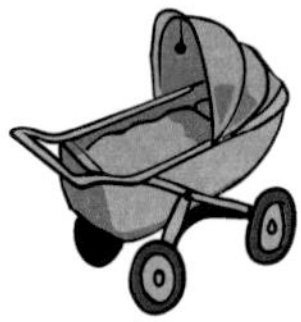

detský kočík

cochecito para niños

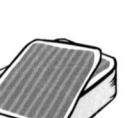

karty

juego de barajas

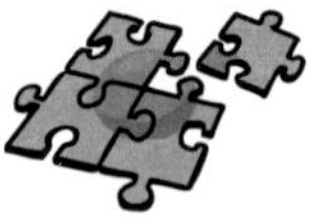

puzzle

rompecabezas

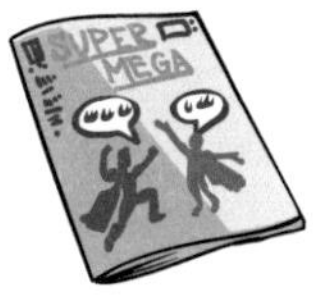
SUPER
MEGA

komix

cómic

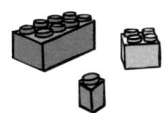

skladačka lego

piezas de Lego

stavebnica

bloques para jugar

akčná postavička

figura de acción

dupačky

pijama de una pieza

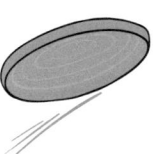

lietajúci tanier

frisbee

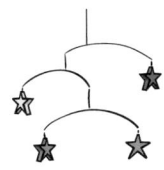

závesné hračky

móvil

stolová hra

juego de mesa

kocka

dado

modelový vláčik

tren eléctrico a escala

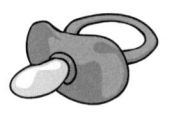

cumlík

chupete

párty

fiesta

obrázková kniha

libro de dibujos

lopta

pelota

bábika

títere

hrať sa

jugar

pieskovisko

arenero

hojdačka

columpio

hračky

juguetes

hracia konzola

consola de videojuego

trojkolka

triciclo

medvedík

osito de peluche

šatník

guardarropa

šatstvo
vestimenta

ponožky

calcetines

pančuchy

medias

pančuchové nohavičky

panti

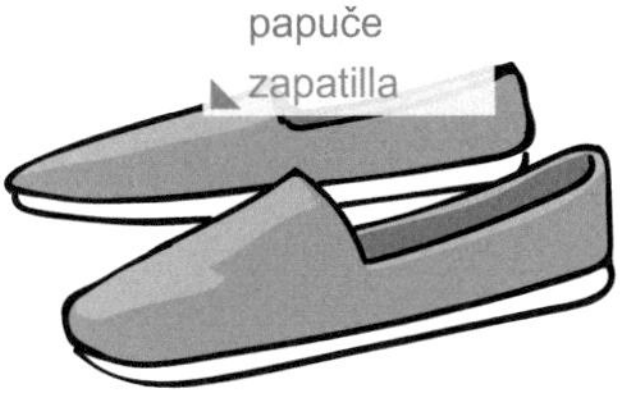

šál
chal

dáždnik
paraguas

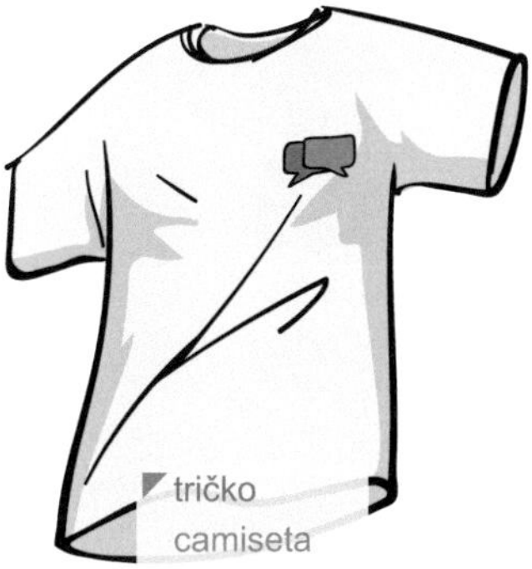

opasok
cinturón

tričko
camiseta

papuče
zapatilla

čižmy
botas

tenisky
deportivas

sandále
....
sandalias

topánky
....
zapatos

gumáky
....
botas de goma

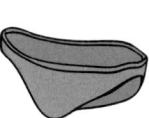
spodky
....
ropa interior

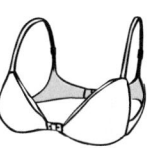
podprsenka
....
corpiño

tielko
....
camiseta

body

body

nohavice

pantalón

džínsy

jeans

sukňa

falda

blúzka

blusa

košeľa

camisa

pulóver

pullover

sveter

sweater

blejzer

blazer

bunda

chaqueta

kabát

abrigo

pršiplášť

impermeable

kostým

traje chaqueta

šaty

vestido

svadobné šaty

vestido de bodas

oblek

traje

nočná košeľa

camisón

pyžamo

pijama

sari

sari

šatka na hlavu

pañuelo de cabeza

turban

turbante

burka

burka

kaftan

caftán

abaja

abaya

dvojdielne plavky

traje de baño

plavky

bañador

šortky

shorts

tepláková súprava

chándal

zástera

delantal

rukavice

guante

gombík

botón

okuliare

gafa

náramok

brazalete

retiazka

cadena

prsteň

anillo

náušnica

aro

čiapka

gorra

vešiak

percha

klobúk

sombrero

kravata

corbata

zips

cierre a cremallera

prilba

casco

traky

tiradores

školská uniforma

uniforme escolar

uniforma

uniforme

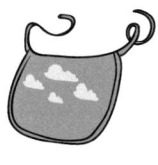

podbradník

babero

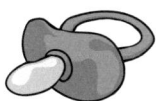

cumlík

chupete

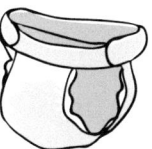

plienka

pañal

kancelária

oficina

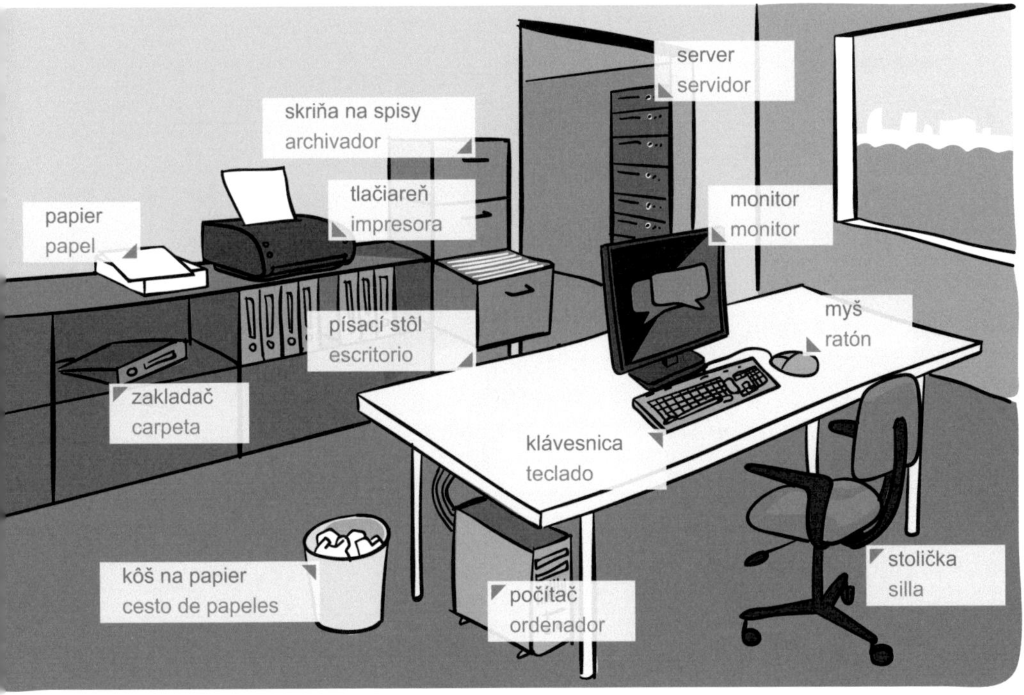
server
servidor
skriňa na spisy
archivador
papier
papel
tlačiareň
impresora
monitor
monitor
myš
ratón
písací stôl
escritorio
zakladač
carpeta
klávesnica
teclado
kôš na papier
cesto de papeles
počítač
ordenador
stolička
silla

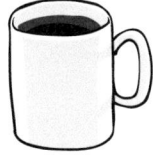

hrnček na kávu

taza de café

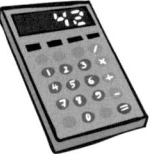

kalkulačka

calculadora

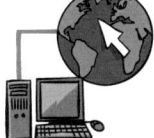

internet

internet

laptop
laptop

list
carta

správa
mensaje

mobil
teléfono móvil

sieť
red

kopírka
fotocopiadora

softvér
software

telefón
teléfono

elektrická zásuvka
tomacorriente

fax
máquina de fax

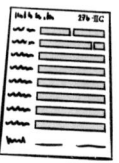

formulár
formulario

doklad
documento

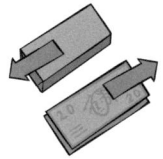

kúpiť

comprar

platiť

pagar

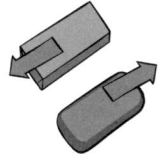

obchodovať

comerciar

peniaze

dinero

dolár

dólar

euro

euro

jen

yen

rubeľ

rublo

švajčiarsky frank

franco

čínsky jüan

renminbi

rupia

rupia

bankomat

cajero automático

zmenáreň

casa de cambio

zlato

oro

striebro

plata

ropa

petróleo

energia

energía

cena

precio

zmluva

contrato

daň

impuesto

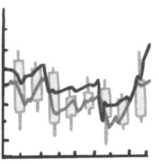

akcia

acción

pracovať

trabajar

zamestnanec

empleado

zamestnávateľ

empleador

továreň

fábrica

obchod

negocio

povolania
ocupaciones

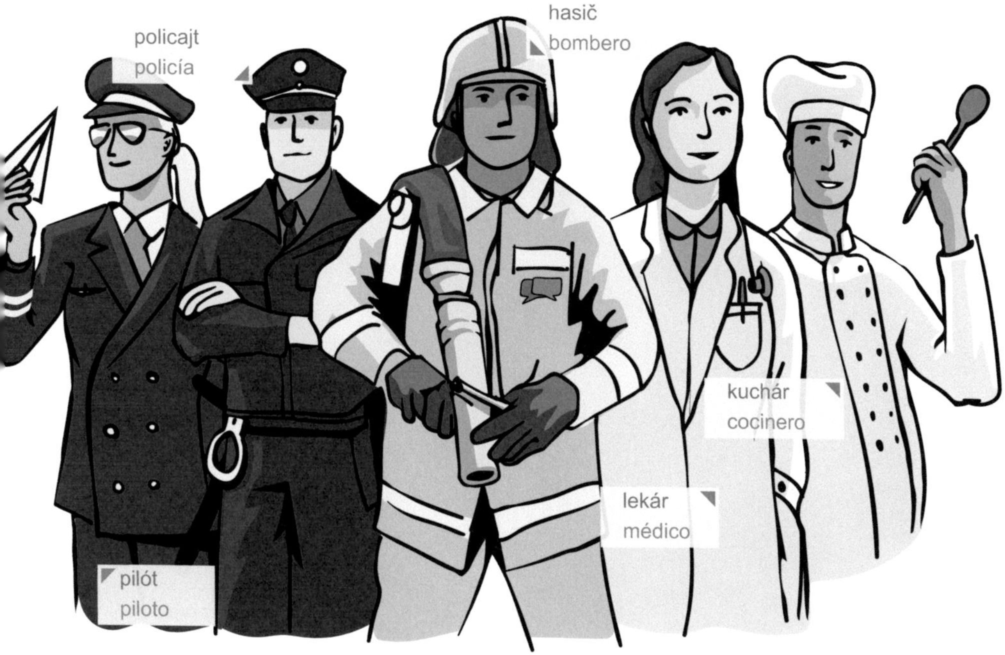

policajt
policía
hasič
bombero
kuchár
cocinero
lekár
médico
pilót
piloto

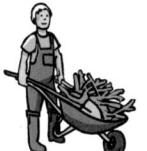

záhradník
jardinero

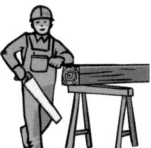

stolár
carpintero

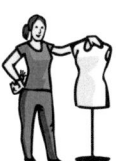

krajčírka
costurera

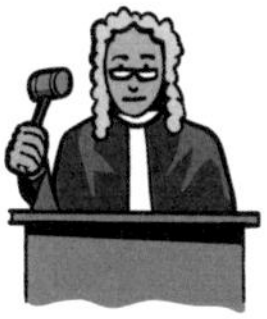

sudca
juez

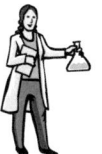

chemik
químico

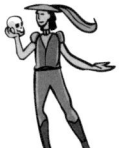

herec
actor

vodič autobusu

conductor de autobús

taxikár

taxista

rybár

pescador

upratovačka

mujer de la limpieza

pokrývač

techista

čašník

camarero

poľovník

cazador

maliar

pintor

pekár

panadero

elektrikár

electricista

stavebný robotník

albañil

inžinier

ingeniero

mäsiar

carnicero

klampiar

fontanero

poštár

cartero

vojak

soldado

architekt

arquitecto

pokladník

cajero

kvetinár

florista

kaderník

peluquero

sprievodca

cobrador

mechanik

mecánico

kapitán

capitán

zubár

odontólogo

vedec

científico

rabín

rabino

imám

imam

mních

monje

farár

párroco

náradie
herramientas

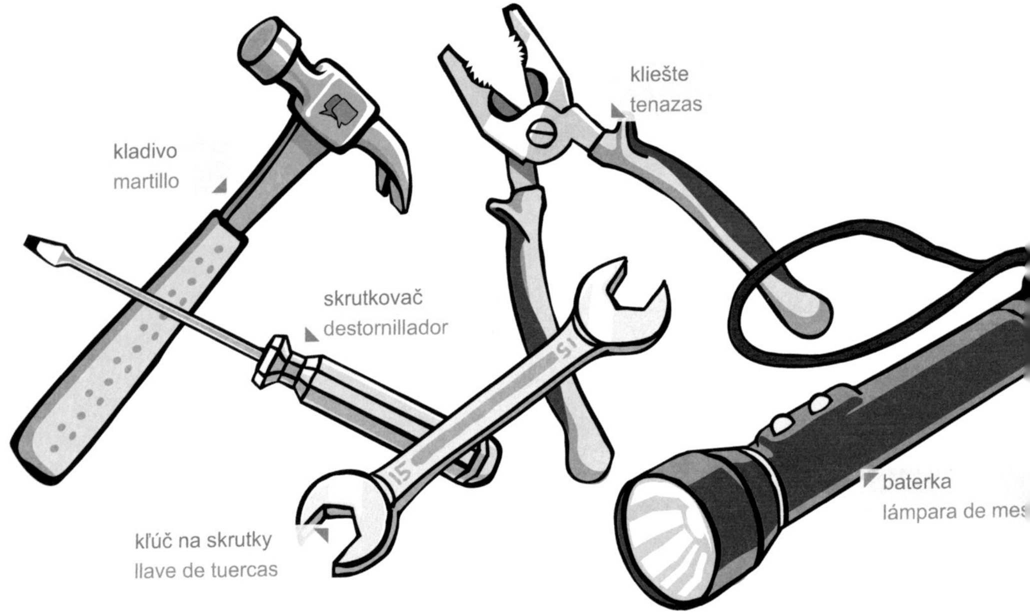
kladivo
martillo
kliešte
tenazas
skrutkovač
destornillador
kľúč na skrutky
llave de tuercas
baterka
lámpara de mes

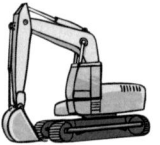

bager

excavadora

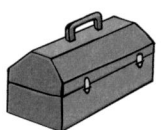

súprava náradia

caja de herramientas

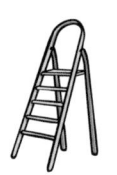

rebrík

escalerilla

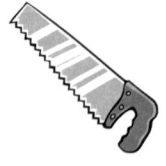

pílka

serrucho

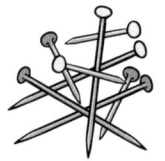

klince

clavos

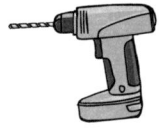

vrták

taladro

opraviť

reparar

lopata

pala

Do čerta!

¡Maldición!

lopatka na smeti

recogedor

nádoba s farbou

lata de pintura

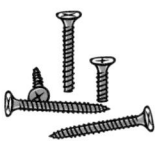

skrutky

tornillos

hudobné nástroje
instrumentos musicales

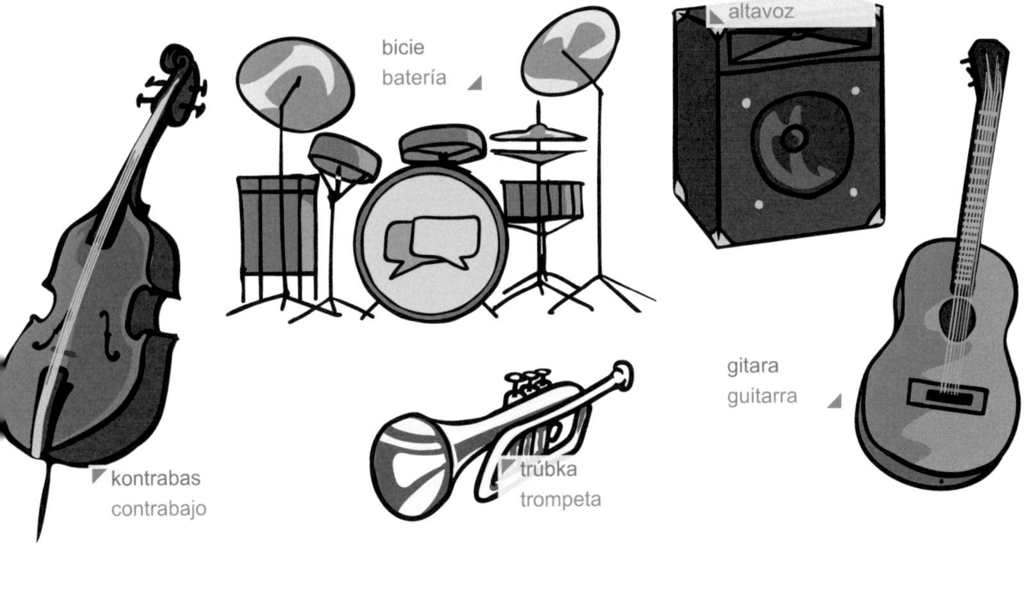

reprodukotr
altavoz

bicie
batería

gitara
guitarra

kontrabas
contrabajo

trúbka
trompeta

klavír

piano

husle

violín

basa

bajo

tympany

timbales

bubon

tambor

klávesnica

teclado

saxofón

saxofón

flauta

flauta

mikrofón

micrófono

ZOO
zoológico

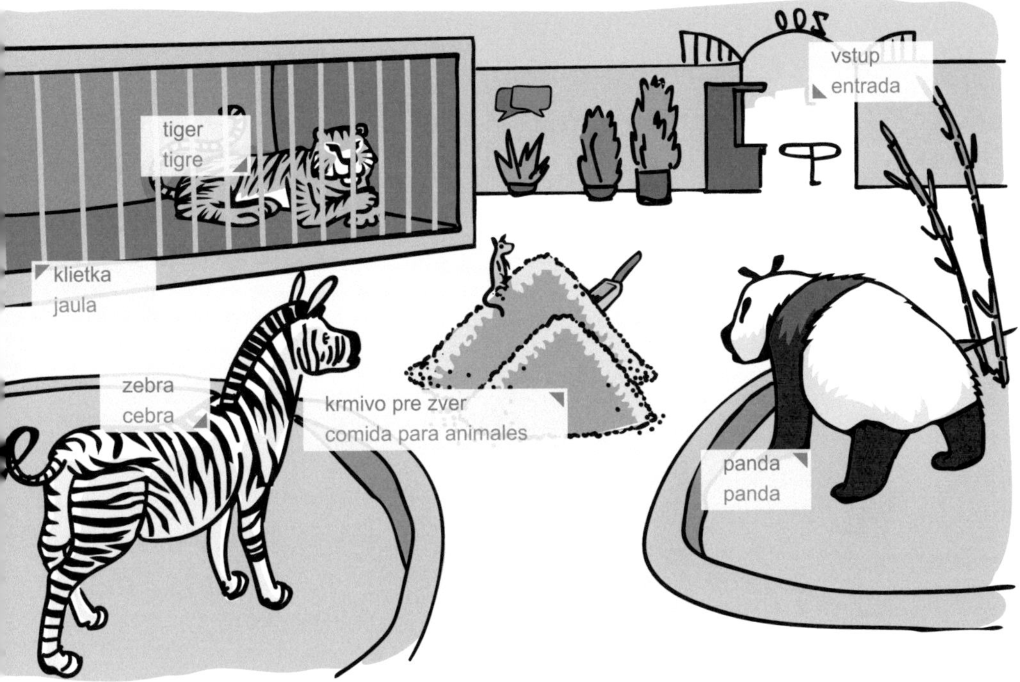

zoo
vstup
entrada
tiger
tigre
klietka
jaula
zebra
cebra
krmivo pre zver
comida para animales
panda
panda

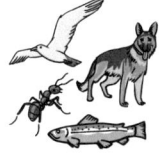

zvieratá

animales

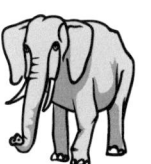

slon

elefante

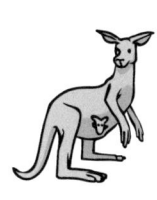

klokan

canguro

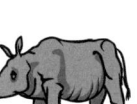

nosorožec

rinoceronte

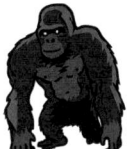

gorila

gorila

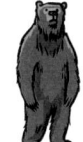

medveď

oso

ťava

camello

pštros

avestruz

lev

león

opica

mono

plameniak

flamengo

papagáj

papagayo

ľadový medveď

oso polar

tučniak

pingüino

žralok

tiburón

páv

pavo real

had

serpiente

krokodíl

cocodrilo

ošetrovateľ v ZOO

cuidador del zoológico

tuleň

foca

jaguár

jaguar

poník

pony

leopard

leopardo

hroch

hipopótamo

žirafa

jirafa

orol

águila

diviak

jabalí

ryba

pescado

korytnačka

tortuga

mrož

morsa

líška

zorro

gazela

gacela

ZOO - zoológico

americký futbal
fútbol americano

cyklistika
ciclismo

tenis
tenis

basketbal
baloncesto

plávanie
natación

box
boxeo

hokej
hockey sobre hielo

futbal
fútbol

bedminton
badminton

ľahká atletika
atletismo

hádzaná
balonmano

lyžovanie
esquí

pólo
polo

aktivity
actividades

smiať sa
reír
skočiť
saltar
objať
abrazar
chodiť
caminar
spievať
cantar
snívať
soñar
modliť sa
rezar
pobozkať
besar

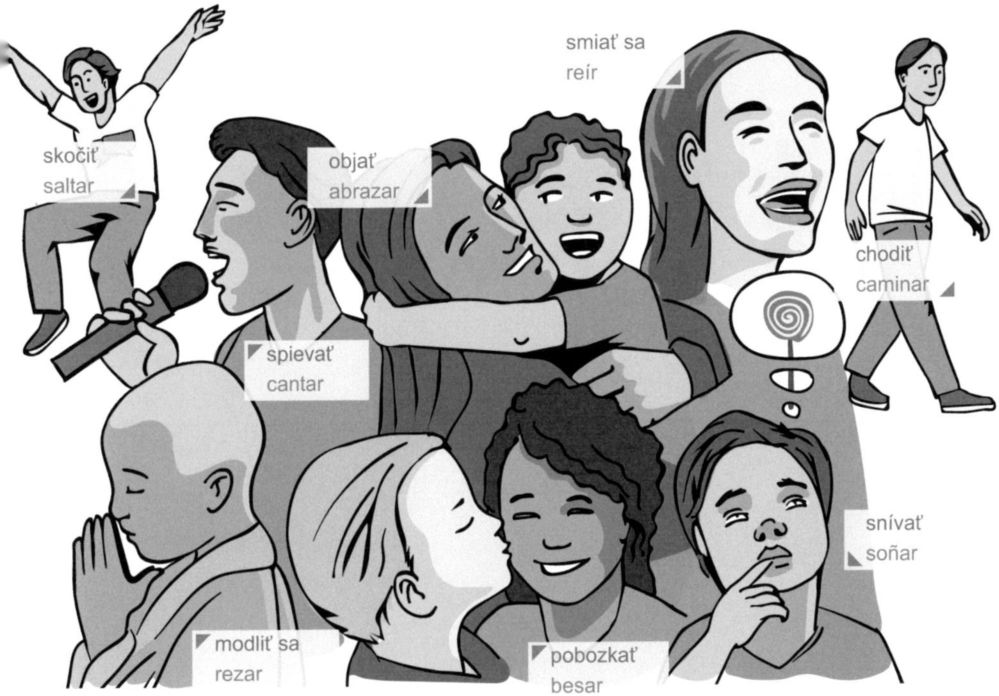

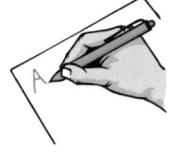

písať

escribir

kresliť

dibujar

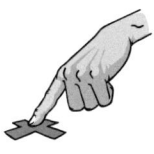

ukázať

mostrar

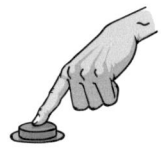

tlačiť

presionar

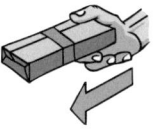

dať

dar

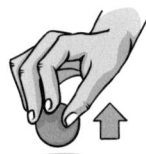

brať

tomar

mať

tener

robiť

hacer

byť

ser

stáť

estar de pie

bežať

correr

ťahať

tirar

hádzať

arrojar

padnúť

caer

ležať

estar acostado

čakať

esperar

nosiť

llevar

sedieť

estar sentado

obliecť sa

vestirse

spať

dormir

zobudiť sa

despertar

aktivity - actividades

pozerať

mirar

plakať

llorar

hladkať

acariciar

česať

peinarse

hovoriť

conversar

rozumieť

entender

pýtať sa

preguntar

počuť

oír

piť

beber

jesť

comer

upratať

asear

milovať

amar

variť

cocinar

jazdiť

conducir

letieť

volar

plachtiť

navegar

počítať

calcular

čítať

leer

učiť sa

aprender

pracovať

trabajar

oženiť

casarse

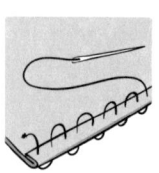

šiť

coser

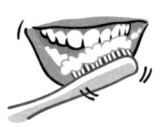

čistiť zuby

limpiarse los dientes

zabiť

matar

fajčiť

fumar

poslať

enviar

rodina
familia

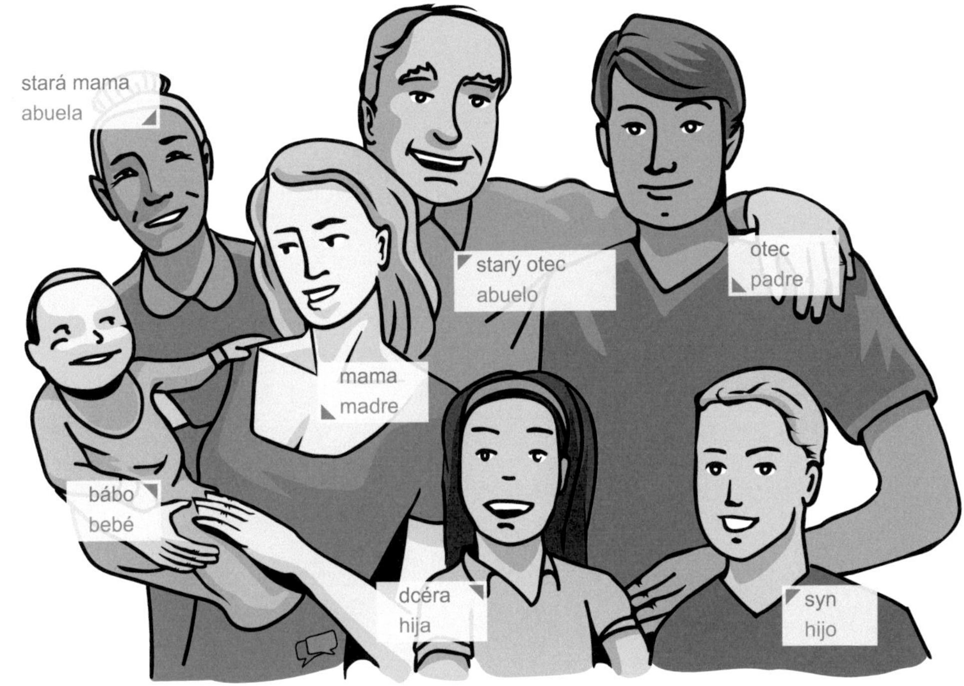

stará mama
abuela
starý otec
abuelo
otec
padre
mama
madre
bábo
bebé
dcéra
hija
syn
hijo

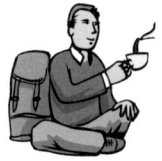

hosť

invitado

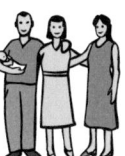

teta

tía

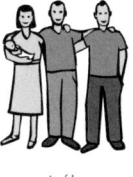

strýko

tío

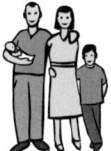

brat

hermano

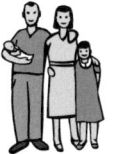

sestra

hermana

telo

cuerpo

čelo
frente
oko
ojo
tvár
cara
brada
barbilla
hruď
pecho
prst
dedo
ruka
mano
rameno
brazo
plece
hombro
noha
pierna

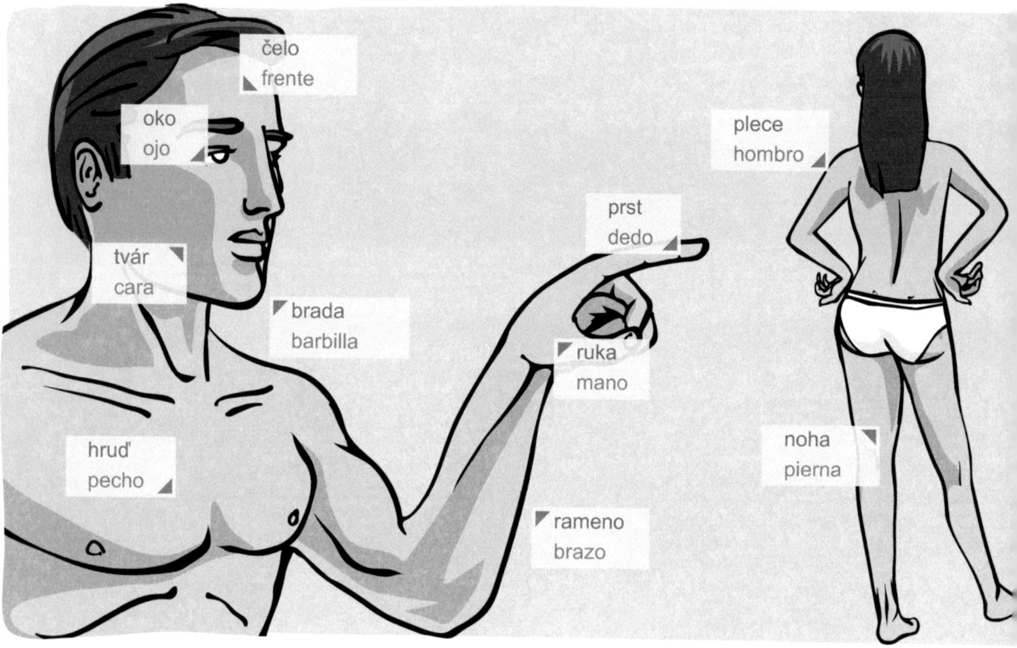

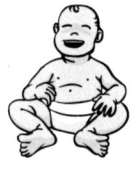

bábo

bebé

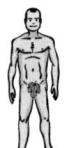

muž

hombre

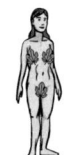

žena

mujer

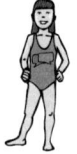

dievča

muchacha

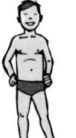

chlapec

joven

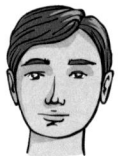

hlava

cabeza

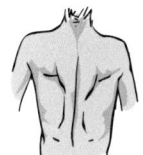

chrbát

espalda

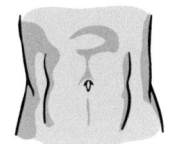

brucho

vientre

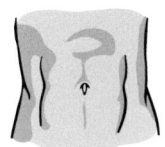

pupok

ombligo

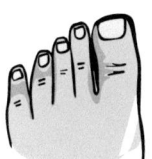

prst na nohe

dedo del pie

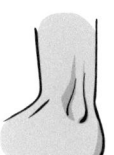

päta

talón

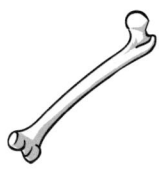

kosť

hueso

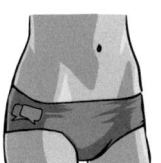

bok

cadera

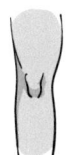

koleno

rodilla

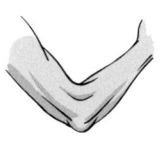

lakeť

codo

nos

nariz

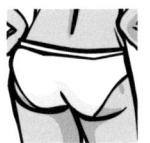

zadok

trasero

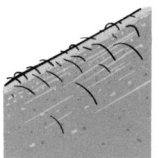

koža

piel

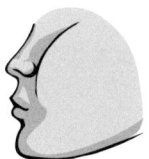

líce

mejilla

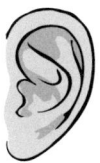

ucho

oreja

pery

labio

ústa

boca

zub

diente

jazyk

lengua

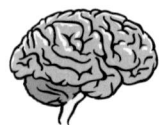

mozog

cerebro

srdce

corazón

svaly

músculo

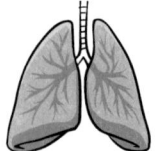

pľúca

pulmón

pečeň

hígado

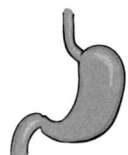

žalúdok

estómago

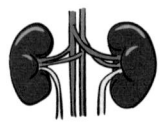

obličky

riñones

pohlavný styk

relación sexual

kondóm

condón

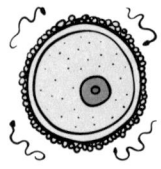

vaječná bunka

Óvulo

semeno

esperma

tehotenstvo

embarazo

telo - cuerpo

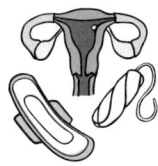

menštruácia

menstruación

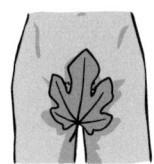

vagína

vagina

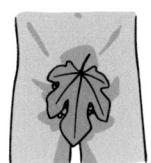

penis

pene

obočie

ceja

vlasy

cabello

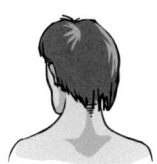

krk

cuello

nemocnica
hospital

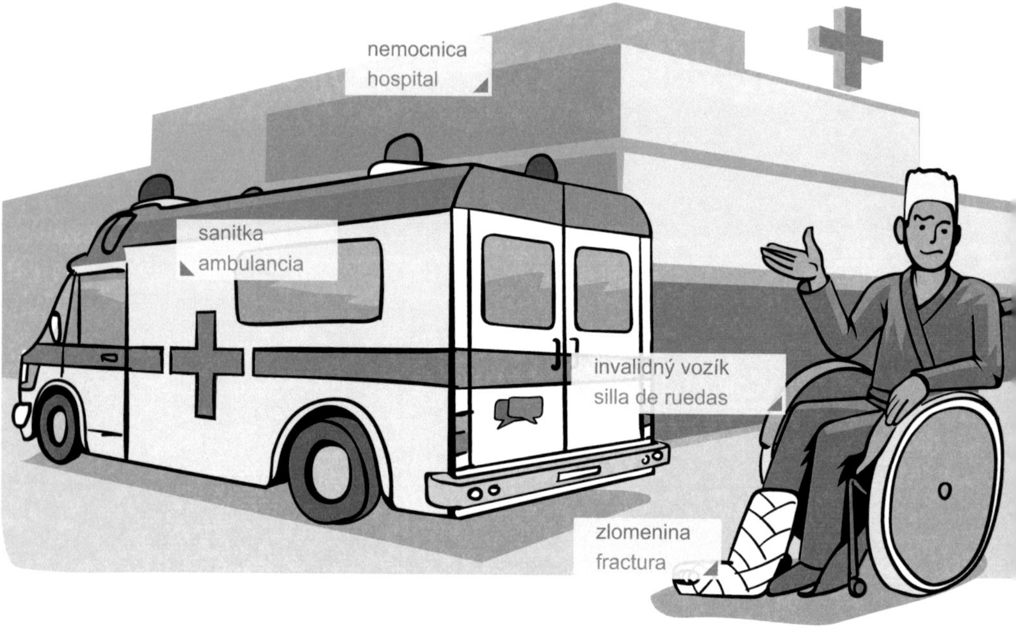

nemocnica
hospital
sanitka
ambulancia
invalidný vozík
silla de ruedas
zlomenina
fractura

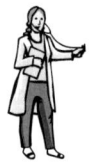

lekár

médico

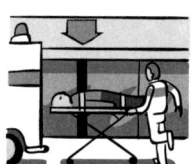

urgentný príjem

admisión de urgencia

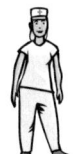

sestrička

enfermera

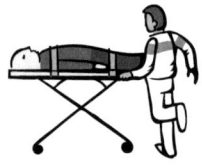

urgentný prípad

emergencia

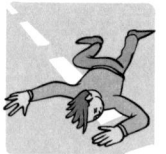

v bezvedomí

inconsciente

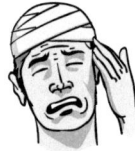

bolesť

dolor

zranenie

lesión

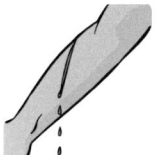

krvácanie

hemorragia

srdcový infarkt

infarto de miocardio

mozgová porážka

apoplejía cerebral

alergia

alergia

kašeľ

tos

teplota

fiebre

chrípka

gripe

hnačka

diarrea

bolesť hlavy

dolor de cabeza

rakovina

cáncer

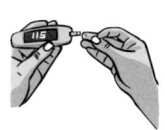

cukrovka

diabetes

chirurg

cirujano

skalpel

escalpelo

operácia

operación

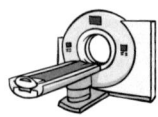

CT
TC

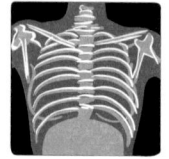

RTG
rayos X

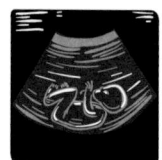

ultrazvuk
ultrasonido

maska
máscara

choroba
enfermedad

čakáreň
sala de espera

barla
muleta

náplasť
emplasto

obväz
vendaje

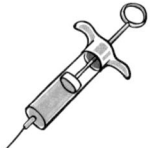

injekcia
inyección

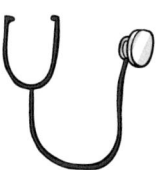

fonendoskop
estetoscopio

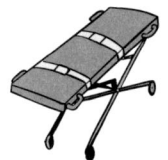

nosidlá
camilla

teplomer
termómetro

pôrod
nacimiento

nadváha
sobrepeso

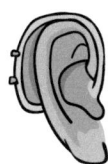

audiofón
audífono

dezinfekčný prostriedok
desinfectante

infekcia
infección

vírus
virus

HIV / AIDS
VIH / SIDA

medicína
medicina

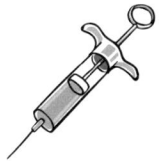

očkovanie
vacunación

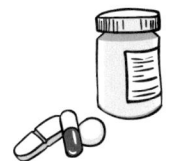

tabletky
comprimido

antikoncepčná pilulka
píldora anticonceptiva

tiesňové volanie
llamada de emergencia

tlakomer
medidor de presión arterial

chorý / zdravý
enfermo / saludable

Pomoc!

¡Ayuda!

alarm

alarma

prepad

asalto

útok

ataque

nebezpečenstvo

peligro

núdzový východ

salida de emergencia

Horí!

¡Fuego!

hasičský prístroj

extintor

nehoda

accidente

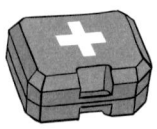

kufrík prvej pomoci

kit de primeros auxilios

SOS

SOS

polícia

Policía

Európa

Europa

Severná Amerika

América del Norte

Južná Amerika

América del Sur

Afrika

África

Ázia

Asia

Austrália

Australia

Atlantický oceán

Atlántico

Tichý oceán

Pacífico

Indický oceán

Océano Índico

Južný oceán

Océano Antártico

Severný ľadový oceán

Océano Ártico

Severný pól

Polo Norte

Južný pól
....
Polo Sur

Antarktída
....
Antártida

Zem
....
Tierra

krajina
....
país

more
....
mar

ostrov
....
isla

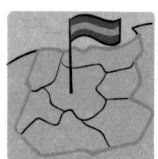

národ
....
nación

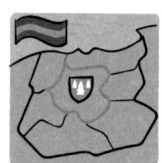

štát
....
Estado

ciferník

cuadrante

hodinová ručička

horario

minútová ručička

minutero

sekundová ručička

segundero

Koľko je hodín?

¿Qué hora es?

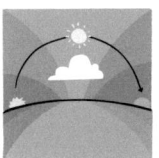

deň

día

čas

tiempo

teraz

ahora

digitálne hodiny

reloj digital

minúta

minuto

hodina

hora

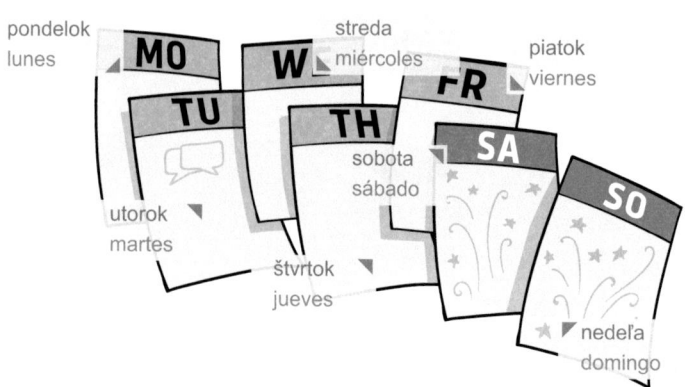

pondelok
lunes

streda
miércoles

piatok
viernes

utorok
martes

sobota
sábado

štvrtok
jueves

nedeľa
domingo

včera

ayer

dnes

hoy

zajtra

mañana

ráno

mañana

poludnie

mediodía

večer

tarde

MO	TU	WE	TH	FR	SA	SU
1	2	3	4	5	6	7
8	9	10	11	12	13	14
15	16	17	18	19	20	21
22	23	24	25	26	27	28
29	30	31	1	2	3	4

pracovné dni

jornada de trabajo

MO	TU	WE	TH	FR	SA	SU
1	2	3	4	5	6	7
8	9	10	11	12	13	14
15	16	17	18	19	20	21
22	23	24	25	26	27	28
29	30	31	1	2	3	4

víkend

fin de semana

dážď
lluvia

dúha
arco iris

sneh
nieve

vietor
viento

jar
primavera

jeseň
otoño

leto
verano

zima
invierno

4.APRIL	11°	☀
5.APRIL	4°	
6.APRIL	13°	
7.APRIL	8°	☀
8.APRIL	10°	☀

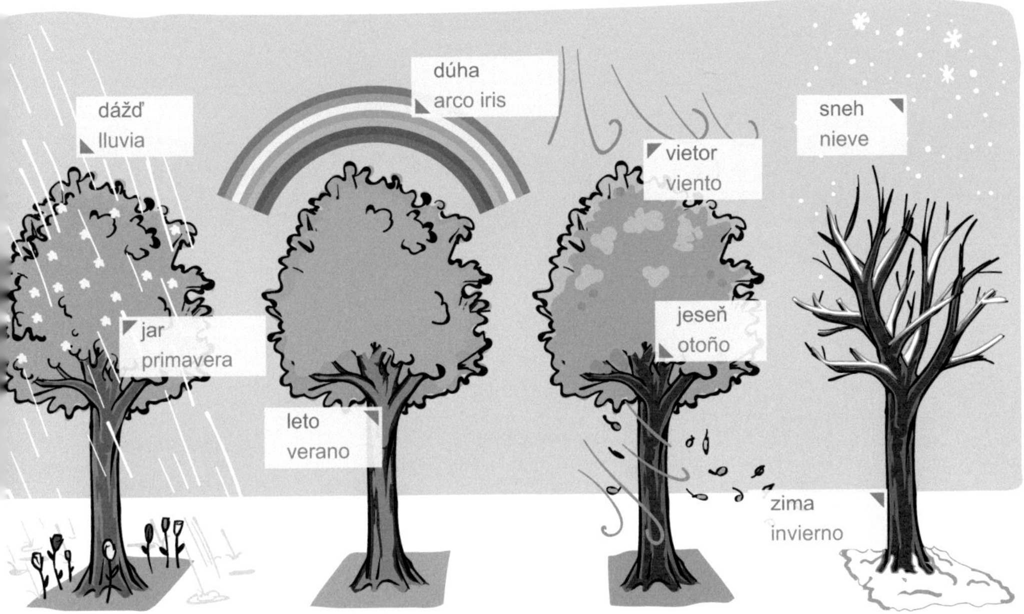

predpoveď počasia

pronóstico meteorológico

teplomer

termómetro

slnečný svit

luz solar

oblak

nube

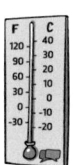

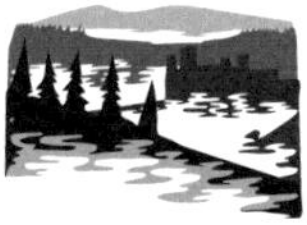

hmla

niebla

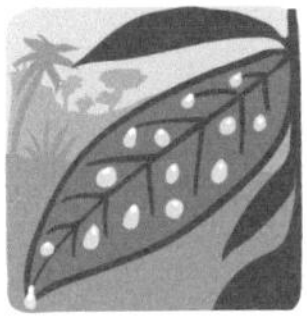

vlhkosť vzduchu

humedad ambiente

blesk

relámpago

hrom

trueno

búrka

tormenta

krúpy

granizo

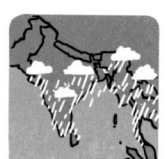

monzún

monzón

záplava

inundación

ľad

hielo

január

enero

február

febrero

marec

marzo

apríl

abril

máj

mayo

jún

junio

júl

julio

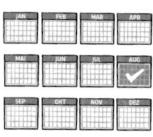

august

agosto

september

....

septiembre

október

....

octubre

november

....

noviembre

december

....

diciembre

kruh

....

círculo

štvorec

....

cuadrado

obdĺžnik

....

rectángulo

trojuholník

....

triángulo

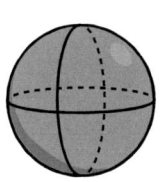

guľa

....

esfera

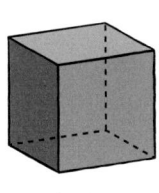

kocka

....

cubo

biela

blanco

žltá

amarillo

oranžová

anaranjado

ružová

rosa

červená

rojo

fialová

lila

modrá

azul

zelená

verde

hnedá

marrón

šedá

gris

čierna

negro

veľa / málo

mucho / poco

zúrivý / pokojný

enojado / calmado

pekný / škaredý

bonito / feo

začiatok / koniec

comienzo / fin

veľký / malý

grande / pequeño

svetlý / tmavý

claro / oscuro

brat / sestra

hermano / hermana

čistý / špinavý

limpio / sucio

úplný / neúplný

completo / incompleto

deň / noc

día / noche

mŕtvy / živý

muerto / vivo

široký / úzky

ancho / angosto

chutný / nechutný

disfrutable / no disfrutable

zlostný / láskavý

malo / amigable

vzrušený / unudený

excitado / aburrido

tlstý / chudý

gordo / delgado

prvý / posledný

primero / último

priateľ / nepriateľ

amigo / enemigo

plný / prázdny

lleno / vacío

tvrdý / mäkký

duro / suave

ťažký / ľahký

pesado / liviano

hlad / smäd

hambre / sed

chorý / zdravý

enfermo / saludable

nelegálny / legálny

ilegal / legal

inteligentný / hlúpy

inteligente / tonto

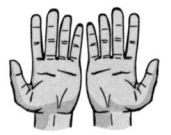

vľavo / vpravo

izquierda / derecha

blízko / ďaleko

cercano / lejano

protiklady - opuestos

nový / použitý

nuevo / usado

nič / niečo

nada / algo

starý / mladý

viejo / joven

zapnuté / vypnuté

encendido / apagado

otvorené / zatvorené

abierto / cerrado

tichý / hlasný

bajo / fuerte

bohatý / chudobný

rico / pobre

správne / nesprávne

correcto / incorrecto

drsný / hladký

áspero / liso

smutný / šťastný

triste / alegre

krátky / dlhý

breve / extenso

pomaly / rýchlo

lento / veloz

mokrý / suchý

mojado / seco

teplý / studený

caliente / frío

vojna / mier

guerra / paz

protiklady - opuestos

0

nula
cero

1

jeden
uno

2

dva
dos

3

tri
tres

4

štyri
cuatro

5

päť
cinco

6

šesť
seis

7

sedem
siete

8

osem
ocho

9

deväť
nueve

10

desať
diez

11

jedenásť
once

12

dvanásť

doce

13

trinásť

trece

14

štrnásť

catorce

15

pätnásť

quince

16

šestnásť

dieciséis

17

sedemnásť

diecisiete

18

osemnásť

dieciocho

19

devätnásť

diecinueve

20

dvadsať

veinte

100

sto

cien

1.000

tisíc

mil

1.000.000

milión

millón

angličtina

inglés

americká angličtina

inglés estadounidense

mandarínska čínština

chino mandarín

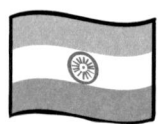

hindčina

hindi

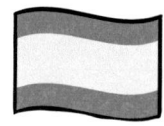

španielčina

español

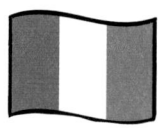

francúzština

francés

arabčina

árabe

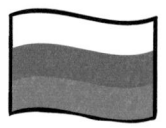

ruština

ruso

portugalčina

portugués

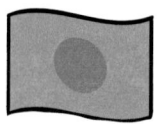

bengálčina

bengalí

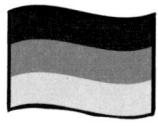

nemčina

alemán

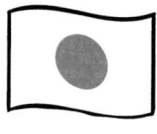

japončina

japonés

ja
yo

ty
tú

on/ona/ono
él / ella

my
nosotros

vy
vosotros

oni
ellos

kto?
¿quién?

čo?
¿qué?

ako?
¿cómo?

kde?
¿dónde?

kedy?
¿cuándo?

meno
nombre

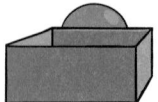

za

detrás

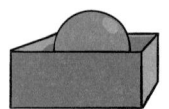

v

en

pred

delante de

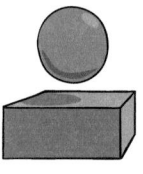

nad

encima de

na

sobre

pod

debajo de

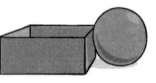

vedľa

junto a

medzi

entre

miesto

lugar